FACULTÉ DE DROIT DE PARIS.

THÈSE

POUR LA LICENCE.

L'acte public sur les matières ci-après sera soutenu,
le mercredi 25 novembre 1857, à 10 heures,

Par JULES BAILLIARD, né au Hâvre (Seine-Inférieure).

Président, M. PELLAT, Professeur.

Suffragants :

MM. ROYER COLLARD,
BONNIER,
COLMET DE SANTERRE,
RATEAU,

Professeurs.

Suppléants.

Le Candidat répondra en outre aux questions qui lui seront faites
sur les autres matières de l'enseignement.

PARIS.

CHARLES DE MOURGUES FRERES, SUCCESSEURS DE VINCHON,
Imprimeurs de la Faculté de Droit,
RUE J.-J. ROUSSEAU, 8.

1857.

A MON PÈRE, A MA MÈRE.

A LA MÉMOIRE DE MA SOEUR.

C.

JUS ROMANUM.

DE ÆDILITIO EDICTO.

(Dig. xxi, 1.)

Hic titulus duo amplectitur ædilium edicta omnino inter se
discrepantia; quorum prius quod ad venditiones attinet, latius
explicatur; posterius vero, quod ad publicarum viarum secu-
ritatem spectat, obiter tantum exponitur.

In prima parte quæ ad venditiones pertinet, cavent ædiles
ut occurratur fallaciis vendentium, qui, etiamsi ea quæ ædiles
præstare jubent ignoraverunt, tenentur; namque ea nota habere potuerunt, neque emptoris interest cur fallatur, ignoran-
tia emptoris an calliditate.

Ex hac edicti parte descendunt actio *redhibitoria* et actio
quanti-minoris, in quibus nulla de dolo venditoris fit mentio.
Præterea his verbis hoc amplius aliam ædiles actionem promit-
tunt adversus venditorem qui dolo sciens quædam rei vitia
dissimulasset; de qua nihil amplius ex hoc edicto discere est.

Redhibitoria actio est illa quæ emptori, redhibere parato, ex certis causis adversus venditorem datur, ut obligationem venditi hic ille remittat, pretiumque quod recepit restituat.

Hæc non solum ad venditores spectat, id est eos qui pretio emunt, sed etiam qui permutaverunt emptoris et venditoris loco habentur, et uterque ex edicto experiri potest. Ad illas vero venditiones non attinet in quibus venditoris partes obtinet fiscus; neque ad locationes, quia nunquam de hac re fuerat ædilium jurisdictio; neque ad donationes, ne donator liberalitatis suæ pœnam patiatur; qui tamen de dolo obligare se debet, ne quod benigne contulit, fraudulenter revocet. — De omnibus rebus hæc actio competit, non modo soli sed et mobilibus, non solum de iis quæ principaliter vænierunt, sed et de illis quæ accesserunt; at erga quasdam res cessat, quæ, quamvis principaliter væneant, tam viles sunt ut propter earum evictionem non duplum, sed simplum præstetur; ideoque earum venditiones simplariæ appellantur. Homo autem non potest, ut redhibitioni subducatur his minutis atque exigui pretii rebus accedere.

In mancipiorum venditionibus hæc redhibitionis conditio profertur : « Si quid morbi vitiive fuerit. » Morbus autem est temporalis corporis imbecillitas; vitium, perpetuum corporis impedimentum. Quæ appellationes ad corpora igitur tantummodo pertinent; animi enim vitia redhibitioni locum non dant, exceptis iis de quibus specialiter repromisit venditor, aut quæ ex quodam corporis vitio proficiscuntur, aut nominatim edicto continentur, veluti si servus venditus sit fugitivus aut erro. Fugitivus est qui extra domum domini, fugæ causa, ut se a domino celaret, mansit. Ex qua definitione patet hæc duo concurrere debere ut fugitivus appelletur servus : 1° ut aliquo actu fugam inchoaverit (cæterum ut fugam consummaverit minime necesse est) ; 2° ut servus se domino in perpetuum subtrahendi animum habuerit. Erro, qui cum fugitivo aliquid non dissimile habere visus est, proprie definiri potest qui frequenter sine causa vagatur, et tempore in res negatorias consumpto, serius domum redit. Et de noxæ vitio specialiter statuunt ædiles ut redhibitioni det locum, nisi prædixerit venditor servum noxa solutum non esse.

Nec non dabitur judicium ob cætera vitia quæ mancipium ita afficiunt ut de eo libere disponere possessor non possit, tametsi de his speciali capite non caverint ædiles; et cum idem sit non habere atque omnino inutiliter habere, si quod sit aliud animi vitium quod omnem mancipii usum adimat, haud aliter dicendum est.

Ut possit horum vitiorum nomine agi redhibitoria, necesse est : 1° ut contractus tempore extiterit vitium; 2° ut nominatim exceptum non sit; 3° ut fuerit ab emptore ignoratum. Quum plerique signis quibusdam soleant demonstrare vitia, si ita factum sit, hæc non ignorare censetur emptor, et cessat edictum. Præterea alterius circumventio alii non præbet actionem. Si quis igitur per servum aut filiumfamilias aut procuratorem emerit, hujus spectanda est scientia, nec dabitur actio, nisi ipse deceptus sit servus aut filiusfamilias aut procurator. Haud aliter de animalium venditionibus. Attamen quædam vitia animalibus propria sunt quæ in hominibus non occurruntur. Hæc insuper animadvertenda est jumentorum redhibitionis causa : quum non ita tradita sunt ut vendendi causa ornata fuere. Et generaliter omnes cæteras res redhibere licet ob ea vitia per quæ illæ res utiliter haberi non possunt, aut si adversus dictum promissumve vænierint. Dictum intelligimus quod verbo tenus pronunciatum est, nudoque sermone finitur; promissum autem ad nudam promissionem sive pollicitationem, vel ad sponsum refertur.

Redhibitoria autem actio emptori ejusque heredibus adversus venditorem datur et ejus heredes. Individua est redhibitionis causa ex parte emptorum; sed dividi potest inter plures venditores, aut plures venditoris heredes, aut plures servi venditoris dominos. Ipsa vero redhibitio semper individua est.

Redhibitoriæ judicium debet utrumque, venditorem scilicet et emptorem, in integrum restituere. Mutuæ igitur sunt præstationes; namque primo debet emptori redhibere, seu reddere venditori rem cujus nomine redhibitoria agit (si res extet aut culpa emptoris extare desierit) et quidem ab omni jure liberam quod emptor in ea constituerit, et unde deterior efficeretur; et secundo pecuniam recipere quam pro re dedit, vel si quid est accessionis nomine, veluti usuras et quæ circa redhibitam necessario aut ex voluntate venditoris erogavit. Interdum etiam ex utraque parte cautiones interponuntur, aliæ in futurum, aliæ in præteritum : ex ultimo genere est de dolo cautio. At emptor omnia quæ diximus prior præstare debet, ut pretium consequatur.

Hæc actio competere incipit ex quo jus ex contractu quæsitum est; competere autem desinit lapsu temporis quod sex complectitur menses, sed non rei venditæ evictione, nec, quum ex pluribus causis competit, si ex una actum sit, consumitur.

Æstimatoria seu quanti minoris actio emptori adversus venditorem datur ut hic ex pretio restituat remittatve quanti minoris emisset emptor, si rei venditæ vitium cognovisset.

Si quis autem quærat quæ contractuum species huic actioni locum dare possint, et propter quas res competat, et quibus personis, et adversus quas personas, et quibus ex causis, sciat easdem regulas quas de redhibitoria actione exposuimus et æstimatoriam regere. Sed hæc insuper ob onera rei competit, quæ si rescisset emptor, minoris emisset. Hac venditor tantum ex pretio emptori restituere tenetur quanti minoris emptorem rem empturum fuisse æstimabitur, si vitium onusve rei cujus nomine agitur rescisset.

Hic duæ aliæ actiones indicandæ sunt quæ ad redhibitio-

num materiam pertinent : 1° si hac lege contracta fuerit venditio ut nisi placuerit res intra præfinitum tempus redhibeatur,
ea conventio valebit. Quod si de tempore nihil convenerit in
factum actio emptori dabitur intra sexaginta dies utiles ; 2° alia
actio in factum venditori accommodatur ad pretium recuperan-
dum, quæ hoc solum exigit ut sit redhibitus servus, non ut in
causa redhibitionis sit. Ergo, ipsa redhibitio, non de redhi-
bendo conventio huic actioni locum dat, qua restituitur etiam
quod servo in venditione accessit.

Secunda edicti parte cavent ædiles ne nocere possint certa
animalia, et varias constituunt pœnas si quid adversus edictum
factum fuerit, scilicet, si liber homo perierit, solidi ducenti
præstentur : si ei nocitum esse dicatur, quanti bonum æquum
videbitur judici condemnetur : cæterarum rerum, quanti damnum factum sit, dupli.

DE PERICULO ET COMMODO.

(Dig., xviii, 6.)

Statim ac perfecta est venditio, omne commodum et periculum quod rei venditæ contingere potest, ad emptorem pertinet;
necesse est igitur id temporis momentum noscere quo perficitur
contractus, atque in variis venditionum speciebus conside-
rare.

Et primum de puris venditionibus tractandum est, sive pondere, numero et mensura constant, sive non. Si quidem nec
numero, nec pondere, nec mensura constent, ubi de pretio
convenit, perfecta est emptio, et omne periculum ad emptorem spectat, nec non et commodum; congruenter enim naturali
æquitati eum sequi debent cujusque rei commoda quem sequun-
tur incommoda. Idem dicendum est etiam si sub lege metiendi
facta sit venditio.

Quod autem hactenus de periculo exposuimus sic accipi debet nisi culpa venditoris aut post ejus moram damnum in re'
vendita contingat. In culpa est venditor cum rem non ut debe-
bat custodivit : porro talis a venditore desideranda est custo-
dia qualem bonus paterfamilias suis rebus adhibet, et si tamen
rem perdiderit, securus erit, dummodo vindicationem rei et
condictionem exhibeat emptori. Suam duntaxat culpam præstat
venditor, non aliorum (ne servorum quidem suorum) adversus
quos tamen suas cedere actiones tenetur; nec etiam suam
ipsius cum in mora est emptor : tunc enim de dolo malo tantum
tenetur venditor.

In harum autem venditionibus rerum quæ pondere, numero
mensurave constant, si quidem per aversionem vænierint, idem
observandum est quod supra de certarum rerum venditione ;
idem de culpa morave venditoris. Sin autem pro numero, pondere vel mensura singulorum corporum statutum fuerit pretium, tantummodo perficietur emptio cum adnumerata, ad-
mensa, adpensave sint, quia quasi sub hac conditione videtur
fieri. Non aliter si lex degustandi intervenerit; tunc enim do-
nec facta sit degustatio, res est periculo venditoris, nisi forte
emptor in mora fuerit, quæ et ad præcedentem hypothesim
pertinet restrictio.

Si vero non pure facta sit venditio, sed conditionaliter, et
pendente conditione res pereat, venditori perit ; at si duntaxat
deterior fiat, existente postea conditione, emptoris damnum
erit.

Si alternative duæ res vænierint et ambæ perierint, debebi-
tur pretium, namque periculo emptoris unaquaque exstitit; sin
autem una tantummodo perierit, altera danda est, et damnum
ad venditorem respicit.

Sed hæc omnia mutuo contrahentium consensu verti possunt.

Pacta enim quæ illis ea de re statuere placuit, sicut leges contractus, servanda sunt.

POSITIONES.

I. Pignori datus servus, si posteaquam jus suum exercuit
creditor, ei se subtraxit, fugitivus videtur.

II. Venditor ea præstare non debet quæ ad nudam servi lau-
dem dixit.

III. Si uno pretio plures servos vendidisti sanosque esse pro-
misisti, et pars duntaxat eorum sana sit, de omnibus adversus
dictum promissum recte agitur.

IV. Emptore et venditore moram facientibus, periculum
sustinet emptor.

V. Venditor etiam propriam culpam non præstat postquam
res tradita est.

DROIT FRANÇAIS.

VENTE.

(Code Nap., liv. iii, tit. vi, chap. 1, 2, 3, 4 et 5, art. 1582-1657. — Id., t. vii; art. 1702-1707. — Code de proc., art. 175-186. — Loi du 20 mai 1838, sur les vices rédhibitoires. — Loi du 25 juin 1841, sur la vente des marchandises neuves.)

INTRODUCTION.

L'échange (*lato sensu*) c'est la société tout entière; car il est imposible de concevoir la société sans échange, ni l'échange sans société; ces deux faits sont identiques et coïncident si parfaitement, qu'ils se supposent et se produisent réciproquement. La première catégorie des échanges comprend le troc d'une chose en nature contre une autre chose en nature, et le troc d'une chose en nature contre une autre chose dans laquelle on ne considère que l'idée de valeur, abstraction faite de toute autre détermination spécifique, c'est-à-dire la monnaie. Cette dernière forme ne diffère de la première que comme l'espèce diffère du genre, et lui est postérieure et dans l'ordre du raisonnement et dans l'ordre du temps; mais son importance est devenue telle, surtout par l'application de plus en plus grande du principe de la division du travail, qu'elle occupe aujourd'hui le premier rang parmi les contrats. C'est pourquoi nous exposerons d'abord les règles relatives à la vente, puis les règles relatives à l'échange (*stricto sensu*), qu'on pourrait regarder comme un corollaire de la vente.

DE LA VENTE.

CHAPITRE PREMIER.

DE LA NATURE ET DE LA FORME DE LA VENTE.

Cette définition du Code Napoléon : « La vente est une convention par laquelle l'un s'oblige à livrer une chose et l'autre à la payer (art. 1582), » ne donnerait pas, si l'on s'en tenait à elle, une idée exacte de ce contrat, car elle reproduit la théorie romaine, d'après laquelle le vendeur n'était obligé qu'à transporter à l'acheteur la possession paisible et utile de la chose ; théorie incompatible avec l'art. 1599, qui déclare nulle la vente de la chose d'autrui, et qui, combiné avec l'art. 1582, nous conduit à définir la vente « un contrat par lequel l'une des parties (le vendeur) transfère ou s'oblige à transférer la propriété d'une chose à l'autre partie (l'acheteur) qui s'engage à payer un prix. »

La vente à terme transfère la propriété de la même manière que la vente pure et simple, car le terme ne suspend, à moins de convention contraire, que l'exécution des droits produits par le contrat. La vente sous condition suspensive n'opère ses effets que lors de l'événement à l'accomplissement duquel elle est subordonnée. Outre ces modalités, que le législateur a indi-

quées et réglées au titre des obligations conventionnelles, il
en est plusieurs spéciales à la vente, parmi lesquelles nous
citerons : *le pactum additionis in diem*, qui assure au vendeur la
faculté de se départir de la vente, au cas où il trouverait, dans
un certain délai, un autre acheteur qui lui ferait des conditions
plus avantageuses; le pacte de préférence qui assure au vendeur le droit d'être préféré, à prix égal, à toute autre personne,
dans le cas où l'acquéreur revendrait la chose; le *pactum dis-
plicentiæ*, qui donne à chacune des deux parties la faculté de se
départir du contrat pendant un certain temps; le pacte de ré-
méré qui constitue une vente faite sous une condition résolu-
toire potestative de la part du vendeur, et dans lequel l'événement futur et incertain est la restitution du prix et autres
accessoires dans un délai convenu.

Trois éléments sont de l'essence de la vente : la chose, le
prix, le consentement des parties.

La chose doit exister actuellement ou être de nature à pouvoir exister un jour. De plus, il faut que la transmission de
propriété soit possible. Elle ne le serait pas si l'acheteur était
déjà propriétaire de la chose. Elle le serait, au contraire, en
cas de vente de la chose d'autrui; mais alors, tant que le vendeur n'aurait pas exécuté sa promesse de rendre l'acheteur
propriétaire, celui-ci ne serait pas tenu d'exécuter la sienne,
et pourrait garder son prix, ou, s'il l'avait payé, se le faire
rendre.

Le prix doit consister en argent, sans quoi le contrat serait un
échange. Il doit être déterminé ou pouvoir être déterminé en
vertu d'une clause du contrat et indépendamment de la volonté
des parties. Ainsi, la convention, que le prix sera fixé par un
arbitre, renferme un élément de détermination suffisant pour
que la vente soit valable, soit que les parties désignent un
arbitre dans le contrat, soit qu'elles gardent le silence, puisque

dans ce dernier cas les experts seront nommés par justice. Et vainement dirait-on que la convention des parties est ainsi violée, car on doit toujours entendre une convention plutôt dans le sens avec lequel elle peut produire quelque effet, que dans le sens avec lequel elle n'en pourrait produire aucun. Or, si l'on rejette l'interprétation que nous donnons ici, la convention de vendre sera absolument inutile. Enfin, le prix doit être sérieux, c'est-à-dire tel que les parties puissent le considérer comme l'équivalent de la chose. Il ne faut pas, toutefois, confondre un prix non sérieux ou dérisoire avec un prix qui serait entaché de vileté. La vileté du prix ne donne à l'acheteur que le droit d'exercer l'action en rescision dans les deux ans, et seulement dans le cas prévu par la loi, c'est-à-dire lorsque dans la vente d'un immeuble le prix est inférieur aux sept douzièmes de la valeur de l'immeuble. On dit encore que le prix n'est pas sérieux lorsqu'il est fictif, c'est-à-dire lorsque le vendeur n'a pas l'intention de l'exiger.

Le consentement doit porter sur la chose et sur le prix, et sur toutes les modalités sous lesquelles il plaît à l'une des parties de vendre, à l'autre d'acheter. Remarquons à ce sujet cette particularité que la promesse de vendre une chose moyennant un prix déterminé, équivant à une vente actuelle si elle a été acceptée avec promesse réciproque d'acheter.

L'existence de ces trois éléments suffit pour que le contrat soit parfait entre les parties; dès lors, il produit deux effets principaux.

1° Les parties sont réciproquement liées, quoique la chose n'ait pas encore été livrée, ni le prix payé. Aucune d'elles ne peut donc se désister de la vente, si cette faculté ne lui a été réservée, soit expressément, soit par la remise d'arrhes. Dans ce dernier cas, en effet, chacun pourra résilier le contrat : celui qui a donné les arrhes, en les perdant; celui qui les a reçus, en restituant le double.

2° La propriété passe à l'acheteur, et par suite les risques de la chose vendue, puisque *res perit domino.* Mais cet effet si remarquable n'a lieu qu'autant que la chose est déterminée dans son individualité. Ainsi, dans les ventes de marchandises au compte, à la mesure, au poids, l'acheteur n'en devient propriétaire qu'après qu'elles ont été pesées, comptées ou mesurées. Une telle vente est conditionnelle, et la condition, c'est le compte, le mesurage, le pesage; l'accomplissement seul de cette condition suspensive peut parfaire la vente au point de vue de la translation de la propriété. Du reste, la vente est parfaite en ce sens que le vendeur est obligé; mais la propriété et les risques de la chose vendue continuent à résider dans sa tête. Si, au contraire, ces mêmes marchandises étaient vendues en bloc, la vente opérerait à l'instant la translation de la propriété et des risques, comme le ferait la vente d'un corps certain. Il faudra donc, dans une vente de ces sorte de choses, chercher avec soin si elle a le caractère de vente en bloc ou de vente à la mesure.

Pour les marchandises qu'il est d'usage de goûter avant d'acheter, les ventes sont faites sous la condition de la dégustation. Jusqu'à ce qu'elle se soit réalisée, il n'y a qu'un projet de vente, et le vendeur n'est pas obligé. Il en est autrement dans les ventes à l'essai, qui, à défaut de convention particulière, sont présumées faites sous la condition suspensive que la chose pourra remplir le but auquel la destine l'acheteur. Le vendeur, dans ce cas, est lié définitivement, et l'accomplissement de la condition parfera la vente; mais l'obligation de l'acheteur n'est que conditionnelle.

Nous ne nous sommes préoccupé jusqu'ici des effets de la vente qu'entre les parties. Vis-à-vis des tiers, il faut distinguer entre la vente d'un immeuble ou d'un droit réel susceptible d'hypothèque, et la vente d'un meuble.

Dans la première hypothèse, la loi du 23 mars 1855, sur la transcription en matière hypothécaire, exige aujourd'hui une forme de publicité, la transcription de l'acte de vente, pour que la propriété soit transférée à l'égard des tiers. Avant cette loi de 1855, il fallait décider, malgré l'art. 1583, que le consentement des parties sur la chose et sur le prix rendait la vente opposable aux tiers; la réserve posée dans l'art. 1583, par ces mots : « entre les parties, » devait être considérée comme non avenue; car elle avait été faite en prévision d'un texte de loi qui devait exiger la transcription, mais qui ne fut point rédigé. Depuis la loi de 1855, notre article reprend son sens littéral, et l'acheteur, tant qu'il n'a pas opéré la transcription, ne peut se prévaloir de la vente faite à son profit contre les tiers qui, depuis cette vente, ont acquis du vendeur soit l'immeuble vendu, soit un droit réel sur cet immeuble, et fait transcrire leur acte d'acquisition.

Dans notre seconde hypothèse, celle d'une vente de meubles, la propriété sera transférée à l'acheteur vis-à-vis des tiers sans tradition; seulement, la règle de l'art. 2279 : « en fait de meubles, la possession vaut titre, » devra profiter au tiers possesseur de bonne foi. Observons toutefois que cette règle ne s'applique pas aux meubles incorporels, et que la cession ou vente d'une créance exige certaines formes de publicité pour avoir son effet à l'égard des tiers.

CHAPITRE II.

QUI PEUT ACHETER OU VENDRE.

La liberté de vendre ou d'acheter forme le droit commun,

mais indépendamment des règles sur l'incapacité des femmes, des mineurs et des interdits, il existe quelques dispositions spéciales à la vente. La plus importante est celle qui interdit la vente entre époux. Cette prohibition est fondée sur ce qu'il serait trop facile aux époux, soit de se faire à l'aide de ventes simulées des libéralités excédant la quotité disponible, ou d'imprimer à ces libéralités un caractère d'irrévocabilité que la loi leur refuse, soit de soustraire leurs biens à l'action de leur créanciers personnels.

La vente est par exception permise entre époux lorsqu'elle repose sur des motifs légitimes, ce qui a lieu dans trois cas :

Le premier est celui où les époux, étant séparés de biens judiciairement, l'un des deux cède à l'autre des biens pour le remplir de ses droits : cette cession est moins une vente qu'une dation en payement.

Le deuxième cas d'exception est celui où la vente que le mari fait à sa femme même non séparée a une cause légitime. Du reste la légitimité de la cause ne doit pas être laissée à l'appréciation des tribunaux. Cette cause doit toujours être l'extinction d'une dette, dont le mari est tenu envers sa femme. Cette exception n'aurait pas lieu dans le cas d'une vente faite par la femme au mari.

La troisième exception a lieu lorsque la femme cède des biens à son mari en payement d'une somme qu'elle se serait constituée en dot, et lorsqu'il y a exclusion de communauté, c'est-à-dire sous le régime dotal, car c'est le seul où les biens de la femme ne soient pas dotaux.

Le motif de ces trois exceptions est qu'elles ne font plus présumer la fraude, et qu'il est en général plus avantageux que les biens cédés restent aux époux, que s'ils étaient vendus à des étrangers. La cession qui est autorisée dans les trois cas ci-dessus peut néanmoins déguiser des avantages indirects, et la

loi réserve pour ce cas le droit des héritiers des parties contrac-
tantes. Faut-il dire que l'avantage est valable et que les héritiers réservataires seuls pourront le faire réduire à la quotité
disponible, ou qu'il est nul et que tous les héritiers et même
les créanciers pourront en demander la nullité ? L'avantage
est nul, car il est irrévocable en fait; c'est donc à cause de
l'incapacité pour l'époux de faire un tel avantage, qu'il est nul.
Par les mêmes raisons, la vente faite par un époux à son con-
joint, en dehors des trois exceptions de l'art. 1495, est nulle
comme donation indirecte; elle est de plus évidemment nulle
comme vente.

D'autres prohibitions existent encore soit dans le Code Napoléon, soit dans les Codes forestier et de procédure, etc. Par
exemple, un immeuble frappé de saisie réelle ne peut être
aliéné à dater de la transcription de la saisie. Certains com-
merces sont en outre interdits à certaines personnes : celui du
bois aux agents forestiers, celui des grains et farines aux pré-
fets, sous-préfets et à quelques autres personnes. Enfin il est
défendu aux personnes chargées d'effectuer les ventes ou de
les faire monter aux plus haut prix possible d'y jouer le rôle
d'acheteur. Ainsi les tuteurs ne peuvent se rendre acquéreurs
des biens de leurs pupilles, ni les mandataires de ceux qu'ils
sont chargés de vendre pour le compte de leurs commettants,
ni les administrateurs d'une commune ou d'un établissement
public de ceux confiés à leur administration. La loi interdit
aussi aux avoués de se rendre, en cas d'expropriation forcée,
adjudicataires pour le saisi, pour une personne notoirement in-
solvable, ou pour les juges, juges suppléants, officiers du minis-
tère public et greffiers du tribunal où se fait la vente. La néces-
sité de maintenir la dignité de la justice et de protéger les particuliers a de plus fait porter, pour quelques officiers publics,
la prohibition d'acheter certains droits et actions litigieuses.

CHAPITRE III.

DES CHOSES QUI PEUVENT ÊTRE VENDUES.

Tout ce qui est dans le commerce peut être l'objet d'une vente. Ce principe s'applique même aux choses futures, c'est-à-dire à celles qui n'existent encore qu'en espérance, pourvu qu'elles puissent exister, par exemple aux fruits à naître d'un fonds de terre, au résultat d'un coup de filet. Dans la vente d'une chose future, il faudra distinguer avec soin si elle a le caractère de contrat aléatoire ou de contrat commutatif. Ainsi dans la vente des fruits d'un champ, la différence serait grande entre la vente de la chance de récolte et celle de la récolte elle-même : dans le premier cas la vente serait pure et simple, et le prix dû en entier, quand même il n'y aurait point de récolte, dans le second la vente serait subordonnée à la condition que la récolte donnera quelques produits, et par conséquent nulle faute d'objet si la récolte était nulle ou presque nulle, car en droit presque rien est considéré comme rien. Le plus ou moins d'élévation du prix servira de présomption pour éclairer la justice à ce sujet.

Il existe cependant des restrictions à ce principe. Le motif de ces prohibitions repose en général sur l'intérêt public. Les unes défendent absolument la vente de quelques objets ; par exemple, des blés en vert et des effets militaires ; les autres restreignent seulement la vente de certaines choses ou en règlent la forme. Ainsi le débit de plusieurs denrées ou marchandises, telles que le tabac, les cartes à jouer, la poudre, n'est permis qu'à certaines personnes et sous certaines conditions. Parmi les dispositions prohibitives de cette dernière espèce, nous devons remarquer la loi du 25 juin 1841, qui interdit en règle générale la vente en détail des marchandises

neuves à cri public, soit aux enchères, soit au rabais, soit à
prix fixe, proclamé avec ou sans l'assistance des officiers minis-
tériels. Cette prohibition, faite dans l'intérêt du commerce, est
facile à comprendre ; du reste la loi de 1841 énumère certains
cas où la vente en détail aux enchères des marchandises est
permise ; remarquons celui où elle peut être autorisée par le
tribunal de commerce, pour cause de cessation de commerce.
Toute contravention à cette loi donne lieu à la confiscation des
marchandises vendues et à une amende.

La vente de la succession d'une personne vivante, même
de son consentement, est nulle comme immorale, car elle en-
traîne *votum mortis*, et comme dangereuse, car par suite de
plusieurs ventes successives, un assez grand nombre de personnes pourraient se trouver intéressées à la mort du *de cujus*.
Il s'agit ici d'une nullité absolue opposable et par le vendeur et
par l'acheteur.

La vente de la chose d'autrui est nulle ; car le vendeur n'a pas
pu transférer à l'acheteur la propriété de la chose pour laquelle
celui-ci avait promis le prix : l'obligation de l'acheteur est donc
nulle faute de cause ; si donc il a payé, il pourra répéter le prix
comme indûment payé, et de plus réclamer des dommages et
intérêts quand il est de bonne foi, et cela sans considérer si le
vendeur a été ou non de mauvaise foi ; la considération de la
bonne ou de la mauvaise foi ne sera utile que pour la fixation
des dommages-intérêts d'après le droit commun. Si l'acheteur
est en possession de la chose lorsqu'il vient à reconnaître que la
chose n'appartenait pas au vendeur, il peut sans attendre la revendication du propriétaire, actionner le vendeur. La vente de
la chose d'autrui est nulle comme vente, mais elle est valable
comme contrat produisant des obligations de faire : elle donne
à l'acheteur le droit de demander la délivrance qui peut lui

être utile, soit pour prescrire, soit pour faire les fruits siens, et d'exiger la garantie quand il est évincé.

L'acheteur peut aussi, lorsque la chose est tombée depuis la vente en la propriété du vendeur: maintenir le contrat et exiger ou conserver la chose, sans que le vendeur puisse la revendiquer, car il est lui-même garant de l'éviction, ou bien agir en nullité de la vente, car elle était nulle *ab initio*.

Si le vendeur est de bonne foi et l'acheteur de mauvaise foi, le vendeur qui aura reconnu son erreur aura le droit de refuser la délivrance ou de demander la restitution de la chose, car l'acheteur ne peut avoir le droit de faire exécuter une convention dans laquelle il a usé de dol.

Si la chose vendue est périe en totalité au moment de la vente, la vente est nulle faute d'objet; l'acheteur qui a payé répétera son prix comme ayant été indûment payé, et de plus des dommages-intérêts, s'il prouve que le vendeur était de mauvaise foi. Quand la chose n'est périe qu'en partie, l'acheteur peut se désister de la vente, ou bien la maintenir et faire réduire le prix par la ventilation. Mais il est équitable que l'acheteur ait le droit de se départir de la vente seulement dans le cas où la détérioration est assez grande pour qu'elle l'eût empêché d'acheter.

CHAPITRE IV.

DES OBLIGATIONS DU VENDEUR.

Le vendeur est tenu de livrer et de garantir la chose vendue. En outre, la loi présumant d'après ce qui se fait le plus ordinairement, que c'est lui qui pose les bases du contrat, il doit le faire en termes clairs et précis, sans quoi tout terme obscur ou ambigu s'interprèterait contre lui.

SECTION 1re.

De la délivrance.

La délivrance est le transport de la chose vendue en la puissance et possession de l'acheteur. C'est par elle que l'acheteur est en état de jouir des avantages du droit de propriété. Elle a une importance toute particulière dans les ventes d'objets mobiliers déterminés, à cause de la prescription instentanée qui s'opère en faveur du possesseur de bonne foi.

La délivrance des immeubles s'opère par le délaissement; celle des choses mobilières par la remise manuelle. La délivrance, soit d'immeubles, soit de meubles, s'effectue même par le seul consentement des parties, lorsque la chose vendue se trouve déjà en la possession de l'acheteur à un autre titre (tradition *brevi manu*), ou bien lorsque le vendeur, en se réservant la jouissance des choses vendues, s'en constitue détenteur pour le compte de l'acheteur (constitut possessoire).

Les frais de la délivrance sont à la charge du vendeur. Il ne faut pas les confondre avec ceux d'enlèvement, qui sont à la charge de l'acheteur, à moins de convention contraire. La délivrance doit se faire au lieu convenu, et, à défaut de convention expresse, au lieu où la chose vendue se trouvait à l'époque de la vente.

Dans le silence des parties, le vendeur est tenu de la délivrance dès que l'acheteur la demande; un retard dans l'exécution de cette obligation pourrait donner lieu contre lui à des dommages-intérêts. Si, dans la vente, un terme a été convenu entre les parties, le défaut de délivrance à l'époque fixée donne à l'acheteur la faculté d'exiger ou la mise en possession, ou la résolution de la vente, avec dommages-intérêts. Du reste, il devra mettre le vendeur en demeure. Remarquons de plus qu'à moins de convention particulière, la résolution n'a pas lieu de plein droit par la seule échéance du terme sans délivrance. Le juge doit la prononcer, et peut même accorder un délai de grâce au vendeur.

La délivrance peut être refusée par le vendeur, tant qu'il n'a pas reçu le prix, à moins qu'il n'ait accordé un terme pour le payement ; et, dans ce cas même, le vendeur ne serait plus tenu à la délivrance, si, depuis la vente, l'acheteur était tombé en déconfiture ou en faillite, ou avait diminué par son fait les sûretés qu'il avait données.

La chose doit être délivrée en l'état où elle se trouve au moment de la délivrance, c'est-à-dire que le vendeur ne peut pas changer l'état de la chose vendue. Il doit, jusqu'à la délivrance, apporter à sa conservation tous les soins d'un bon père de famille. En outre, il est tenu de délivrer avec elle tous les accessoires qui en dépendent, par exemple, les clefs des bâtiments et les actes de propriété, les accroissements qu'a reçus la chose depuis la vente, et les fruits qu'il en a retirés depuis le moment fixé pour la délivrance.

Enfin, il doit délivrer la mesure indiquée au contrat. A ce sujet, le Code prévoit et règle quelques cas dans les ventes d'immeubles.

Supposons d'abord un immeuble déterminé vendu à tant la mesure. Si la contenance est plus petite que celle qui a été fixée, ce déficit n'annulle pas la vente, à moins qu'il ne soit démontré que ce qui manque a empêché l'acquéreur d'atteindre le but qu'il se proposait ; mais il donnera lieu à une diminution proportionnelle du prix, à cause de l'importance que les parties ont attachée à la mesure. Cependant, lorsque le vendeur est dans la possibilité de procurer la contenance déterminée, l'acheteur a le droit d'exiger le complément. Si la contenance est, au contraire, plus grande que celle qui a été fixée, l'acquéreur doit payer ce qu'il y a en plus. Telle est la règle'; toutefois, si l'excédant de contenance est d'un vingtième au-dessus de la mesure déclarée, l'acquéreur a le choix de payer cet excédant ou de faire résilier la vente, car il ne peut être contraint d'acquérir un immeuble notablement plus grand qu'il ne voulait, et peut-être qu'il ne pouvait. Ainsi, l'acquéreur ne peut se faire délivrer la contenance indiquée au contrat, et laisser le surplus au vendeur. Cette mesure a pour motif l'intérêt des biens en général.

Supposons maintenant que la vente d'un immeuble renferme indication de la contenance, mais sans fixation du prix à tant la mesure. Les parties semblent alors n'avoir pas attaché à la mesure une aussi grande importance que dans le cas précédent, et aucune d'elles ne peut réclamer que si le déficit ou l'excédant de contenance établit entre la valeur de la chose vendue et du prix de vente une différence d'un vingtième. Si la vente a pour objet des fonds distincts et séparés, il en est de même.

L'acquéreur, qui use du droit qu'il a dans certains cas de se désister de la vente, peut se faire restituer les frais du contrat; car ce contrat lui est inutile, et ce n'est point par sa faute qu'il n'en profite pas. Le vendeur, au contraire, est en faute; c'est pourquoi il doit ces frais, et peut devoir de plus des dommages-intérêts.

Les actions pour déficit ou excédant de contenance doivent être restreintes dans de courts délais, sans cela les propriétés seraient frappées d'incertitude, et les mutations deviendraient la source d'inquiétudes prolongées; aussi la loi a-t-elle établi pour ces actions la prescription d'une année, à partir du jour du contrat; c'est là, du reste, une prescription d'ordre public à laquelle il n'est pas permis de renoncer.

De la garantie.

La garantie est l'obligation de procurer à l'acheteur la jouissance paisible et utile de la chose ; elle a donc deux objets : l'éviction et les vices rédhibitoires.

Garantie en cas d'éviction.

Le vendeur est tenu de s'abstenir de tout acte qui tendrait à inquiéter l'acheteur, et, de plus, de prendre le fait et cause de l'acheteur, lorsque celui-ci est troublé par un tiers qui s'oppose à l'exercice de ses droits. Ainsi, le mot *éviction* a un sens plus large que *dépossession*, et comprend tous les cas où l'acheteur ne peut conserver la chose vendue, et même celui où il est troublé, soit par une action en revendication, soit par une action hypothécaire.

La garantie n'est pas de l'essence du contrat de vente, mais de sa nature ; les parties peuvent donc y déroger par des conventions spéciales. Lorsqu'elle n'a été ni augmentée ni diminuée par ces conventions, elle soumet le vendeur à l'obligation : 1° de restituer à l'acheteur le prix qu'il a reçu sans cause ; 2° de réparer le dommage que l'éviction occasionne à l'acheteur. Lorsqu'elle a été détruite par ces mêmes conventions, le vendeur n'est pas tenu des dommages-intérêts, mais il doit restituer le prix, à moins qu'à la clause de non-garantie ne se joigne la circonstance que l'acheteur connaissait le danger de l'éviction, ou que la vente ne porte qu'elle est faite aux risques et périls de l'acheteur.—Remarquons que malgré la latitude laissée aux contractants pour modifier la garantie comme ils l'entendent, celle relative à l'éviction provenant d'un fait personnel du vendeur, est de l'essence du contrat, car la clause par laquelle on y dérogerait serait entachée de dol.

 ¯ La garantie n'a lieu qu'autant que l'éviction procède d'un fait antérieur à la vente. Elle renferme : 1° l'obligation de procurer la jouissance paisible de la chose, obligation de faire indivisible, de sorte que si le vendeur a laissé plusieurs héritiers, chacun d'eux est garant pour la totalité ; 2° l'obligation divisible entre les héritiers du vendeur, de payer indemnité à l'acheteur quand l'éviction a eu lieu.

L'acheteur a pour soutenir son droit : 1° une action, soit principale, soit accessoire à la demande originaire en revendication ; 2° une exception qui se présentera particulièrement quand l'acheteur sera inquiété par celui qui, ayant de son chef des droits à faire valoir sur l'objet vendu, se trouve héritier du vendeur et par conséquent soumis à l'obligation de garantir. La maxime : *Quem de evictione tenet actio, eumdem agentem repellit exceptio,* est aussi applicable à l'égard des cautions du vendeur.

Dans le cas d'éviction totale, le vendeur soumis à garantie doit : 1° restituer à l'acheteur le prix qu'il a reçu, et le rembourser en totalité, quand même, depuis la vente, la chose aurait diminué de valeur, ou subi des détériorations ou péri en partie ; car le prix est dû en vertu du défaut de cause dans le payement ; et peu importerait que l'acheteur eût lui-même détérioré la chose, car, jouissant à titre de propriétaire, il ne doit compte de sa négligence à personne ; 2° réparer le dommage occasionné à l'acheteur par l'éviction, et par suite, lors même qu'il est de bonne foi, indemniser ce dernier : des frais et loyaux coûts du contrat, des fruits dont l'acheteur est lui-même obligé de faire état au propriétaire qui l'évince ; des frais de la demande principale et de la demande en garantie ; enfin du préjudice causé par l'éviction en privant l'acheteur de l'augmentation de valeur que la chose peut avoir reçue depuis la vente. Voici comment le Code règle ces dommages-intérêts : 1º si l'augmentation de valeur résulte de faits indépendants de la volonté de l'acheteur, le vendeur doit cette augmentation, si grande qu'elle soit; 2º si elle résulte de réparations et améliorations utiles faites par l'acheteur, celui-ci devra réclamer. de celui qui l'évince la plus-value causée par ces dépenses, et le surplus de ces dépenses, si elles l'emportent sur la plus-value, au vendeur; 3º si elle résulte de dépenses voluptuaires, le vendeur n'est tenu de réparer le préjudice causé par la perte de la plus-value qu'autant qu'il est de mauvaise foi.

Dans le cas d'éviction partielle, il faut distinguer si la partie enlevée à l'acheteur est de telle conséquence qu'il n'eût pas acheté sans elle, ou bien si elle n'est pas assez considérable pour détruire la cause finale de la vente. Dans la première hypothèse, l'acheteur peut demander la résiliation de la vente, et le vendeur doit lui rendre le prix et les frais du contrat, sans préjudice de tous dommages et intérêts, et autres restitutions ordonné par l'art. 1630. Mais il peut aussi maintenir le contrat avec une indemnité réglée par l'art. 1637. Cet article détermine l'indemnité pour le cas d'éviction partielle d'une tout autre façon que pour le cas d'éviction totale; car il fixe pour l'estimation de la partie évincée l'époque de l'éviction, soit qu'il y ait eu augmentation, soit qu'il y ait eu diminution de valeur dans la chose, mais seulement lorsqu'il s'agit d'une éviction *pro diviso*, c'est-à-dire d'une partie matériellement déterminée de l'objet, et non lorsqu'il s'agit d'une éviction *pro indiviso*, c'est-à-dire d'une partie aliquote de l'objet, comme d'un quart, d'un tiers. En effet, dans une éviction *pro diviso*, il serait trop difficile de déterminer pour quelle fraction la partie qui en est l'objet a figuré dans le prix de vente, et cette ventila-

tion, fût-elle possible, serait, en outre, une source féconde de
procès. Le même motif ne se rencontre pas dans l'éviction *pro
indiviso*. Il est vrai que la loi ne distingue pas ; mais il n'est pas
moins vrai que la trop grande simplicité dans la législation est
l'ennemie de l'équité.

Il y a éviction partielle si l'existence d'une servitude passive
est reconnue, pourvu : 1° que la servitude n'ait pas été déclarée par le vendeur ; 2° qu'elle soit non apparente ; 3° qu'elle
résulte d'un fait de l'homme ; 4° qu'elle soit de telle importance
que l'acheteur n'eût pas acheté s'il avait été instruit de son
existence. Il en est de même si l'acheteur se trouve dépossédé
d'une servitude active, ou si une servitude active déclarée
n'existe pas.

Procédure de l'action en garantie.

L'acheteur inquiété par un tiers a deux voies pour exercer
contre le vendeur une action en garantie :

1° La voie d'action principale, lorsque, ayant plaidé seul avec
le tiers et succombé, il recourt contre le vendeur. Cette voie est
incommode et dangereuse : incommode, car elle laisse à l'a-
cheteur tous les ennuis d'un procès, et l'expose à beaucoup plus
de lenteur ; dangereuse, car il pourrait être condamné aux frais
de deux procès : l'un contre le tiers qui l'évince, l'autre contre
son vendeur, et, chose beaucoup plus grave, il perdrait son
action en garantie, si le jugement étant en dernier ressort ou
l'appel n'étant plus recevable, le vendeur prouvait l'existence
de moyens suffisants pour faire rejeter la demande. Du reste, il
y a présomption que le procès a été régulièrement suivi ; c'est
donc au vendeur à prouver le contraire.

2° La voie d'action incidente, qui évite les lenteurs, les frais
et la contrariété possible de deux jugements. Elle donne lieu

à une exception dilatoire accordée à l'acheteur actionné par un tiers pour mettre en cause son garant, le vendeur. Cette exception est opposée par une simple déclaration : le demandeur qui conteste la garantie doit présenter une requête pour la repousser, et l'incident est jugé sommairement. La vente ne donne lieu évidemment qu'à la garantie formelle. On appelle ainsi celle où le défendeur originaire est attaqué par une action réelle, par opposition à la garantie simple, qui est demandée par le défendeur originaire inquiété par une action personnelle. Dans la garantie formelle, le garant a toujours la faculté de prendre le fait et cause du garanti, car cela ne peut nuire au tiers demandeur : du reste, le garanti peut, s'il le demande avant tout jugement, être mis hors de cause; mais, dans ce cas même, il a un intérêt à se faire représenter par un avoué, afin de pouvoir, par une simple déclaration, rentrer au procès, et au dernier moment, demander des dommages-intérêts contre le garant. Du reste, le demandeur pourra obtenir que le défendeur reste en cause, s'il a contre lui des droits directs à conserver. Si les deux demandes, originaires et de garantie, sont simultanément en état, le même jugement les décide.

Garantie des vices rédhibitoires

Il ne suffit pas que le vendeur procure à l'acheteur la jouissance de la chose vendue, il faut encore que cette jouissance soit utile; et si la chose a des vices qui la rendent impropre à l'usage auquel elle était destinée, l'obligation du vendeur n'étant pas remplie, la garantie est due à l'acheteur. Il en est de même pour les vices qui diminuent tellement l'usage de la chose que l'acheteur n'aurait pas acheté s'il les eût connus, et même pour ceux dont la connaissance n'aurait pas empéché l'acheteur d'acheter, mais aurait diminué le prix de la chose.

Ces vices sont appelés rédhibitoires. Eux seuls donnent lieu à garantie; et encore ils n'y donnent lieu que s'ils sont cachés ou si l'acheteur n'a pas été à même de les voir. La garantie n'est pas due non plus si l'acheteur les a connus, ou si le vendeur les a déclarés ou a vendu sans garantie; mais dans ce dernier cas, si le vendeur connaissait les vices, la clause de non garantie, étant entachée de dol, serait nulle.

La découverte d'un vice rédhibitoire remontant à une époque antérieure à la vente donne à l'acheteur deux actions : 1° l'action rédhibitoire pour obtenir la résolution du contrat; 2° l'action *quanti minoris*, en diminution du prix, par laquelle on demande, tout en maintenant le contrat, la restitution d'une partie du prix indiquée par un expert. La première de ces actions donne lieu à des dommages-intérêts si le vendeur est de mauvaise foi ou en faute. Toutes deux doivent être intentées dans les délais établis par les usages locaux, et à défaut d'usages locaux, dans un bref délai fixé par le tribunal. Si pendant ce temps la chose périt par la faute de l'acheteur ou par force majeure, l'action est éteinte; mais si elle périt par suite du vice dont elle est atteinte, la garantie reste due.

La garantie des vices rédhibitoires s'applique aux immeubles comme aux meubles, car la loi ne distingue pas; mais elle n'existe pas dans les ventes par autorité de justice, exception qui a ses motifs dans l'infériorité habituelle du prix à la valeur de la chose vendue, dans la forme de publicité qui accompagne ces ventes, et permet aux acheteurs de s'éclairer mutuellement, enfin dans les frais considérables occasionnés par ce mode d'aliéner.

Quelques modifications ont été apportées en cette matière pour les animaux des espèces bovine, ovine et chevaline par la loi du 30 mai 1838, qui a déterminé les vices rédhibitoires d'une manière limitative, supprimé l'action *quanti minoris*, et fixé pour toute la France d'une manière uniforme le délai dans lequel l'action doit être intentée. Ce délai, qui est de neuf jours, et dans deux cas seulement, de trente jours, court du jour fixé pour la livraison.

CHAPITRE V.

DES OBLIGATIONS DE L'ACHETEUR.

Quant à l'acheteur, la principale de ses obligations est de payer le prix au jour et au lieu de la délivrance. Si un terme a été convenu, le payement doit être fait au domicile de l'acheteur. Une sommation de payer suffit pour faire courir les intérêts ; elle ne sera même pas nécessaire si la chose est frugifère ou si les intérêts ont été stipulés par une clause expresse.

L'acheteur inquiété ou menacé d'être inquiété dans sa possession par une action réelle, peut refuser de payer le prix jusqu'à ce que le trouble ait cessé ou que le vendeur lui ait offert une caution solvable; mais il est obligé de payer, nonobstant le trouble et sans pouvoir exiger de caution lorsqu'il n'a droit ni à garantie ni à restitution du prix en cas d'éviction.

Lorsque le refus de payement est fait sans justes motifs, le vendeur peut ou maintenir le contrat et poursuivre le payement du prix, ou demander la résolution de la vente avec des dommages-intérêts, s'il y a lieu. Dans le premier cas, il a sur la chose un privilège accompagné de plusieurs sûretés : d'abord un droit de rétention, si la vente est faite sans terme pour l'acheteur; ensuite la faculté de revendiquer la possession de la chose, c'est-à-dire son droit de rétention si la chose est mobilière et qu'il l'ait livrée, en tout cas un privilége et le droit de demander la résolution de la vente avec des dommages-intérêts s'il y a lieu. Le privilége se perd s'il n'est pas inscrit dans un certain délai. Sous le Code l'action en résolution n'en subsistait pas moins; depuis la loi du 23 mars 1855, elle se perd en même temps que le privilége.

La résolution est un droit réel opposable aux tiers acquéreurs, mais il faut que le vendeur la fasse préalablement prononcer contre l'acheteur. Les parties peuvent convenir qu'elle aura lieu de plein droit par la seule échéance du terme; mais alors même le vendeur devra faire une sommation de payer, après quoi le juge ne pourra refuser de prononcer la résolution. Si les parties ne se sont pas expliquées à ce sujet, il est loisible au juge d'accorder un délai à l'acheteur, à moins qu'il n'y ait danger pour le vendeur de perdre la chose et le prix. Toute vente est donc faite sous la condition tacite de résolution faute de payement du prix.

DE L'ÉCHANGE.

C'est d'une combinaison de textes que nous avons tiré la définition de la vente, et c'est aussi d'une combinaison de textes que nous tirerons celle de l'échange. En effet, si nous rapprochons l'art. 1702 de l'art. 1703, nous verrons que l'échange est un contrat par lequel les parties se transfèrent ou s'obligent à se transférer réciproquement la propriété d'une chose autre que de l'argent monnayé.

L'échange a la plus grande analogie avec la vente, et est en général régi par les mêmes règles qu'elle, sauf en ce qui concerne la rescision pour cause de lésion, laquelle ne peut s'appliquer à l'échange. Comme dans les ventes, les deux parties devant se transférer réciproquement la propriété des choses qu'elles échangent, il en résulte que si l'une d'elles n'est pas propriétaire de la chose qu'elle a échangée, l'obligation de livrer contractée par l'autre partie manque de cause;

c'est pourquoi la chose donnée en retour pourra ne pas être livrée, ou être répétée si la livraison en a été faite. Le copermutant évincé a le droit, ou de répéter la chose qu'il a donnée sans cause, ou de réclamer des dommages-intérêts en laissant subsister le contrat.

Tels sont les principes qui régissent la vente et l'échange considérés dans les rapports entre particuliers. Si en outre nous examinons ces deux contrats dans les rapports entre les particuliers et l'Etat, nous voyons qu'ils sont soumis comme toutes les mutations de propriété ou d'usufruit à un impôt au profit du Trésor public.

Les ventes sont différemment tarifées suivant qu'elles ont pour objet des meubles ou des immeubles. La loi du 22 frimaire an VII soumettait au droit proportionnel de 4 p. % toutes adjudications, ventes, reventes et tous autres actes translatifs de propriété ou d'usufruit de biens immeubles à titre onéreux, et établissait sur la transcription de ces actes un droit de 1 fr. 50 cent. p. % du prix intégral. Mais la loi du 28 avril 1816 fixe à 5 fr. 50 cent. p. % le droit d'enregistrement des ventes, et déclare que la formalité de la transcription au bureau de la conservation des hypothèques ne donne plus lieu à aucun droit proportionnel. Ainsi le droit de mutation n'est pas augmenté; mais celui de transcription est confondu avec celui d'enregistrement, et le payement du premier, qui auparavant n'était que facultatif et pour les cas seulement où les parties faisaient transcrire, est devenu obligatoire. Ces dispositions sont relatives à l'exigibilité; pour la liquidation la valeur de la propriété est déterminée par le prix exprimé, en y ajoutant toutes les charges en capital, ou par une estimation d'experts, si le prix énoncé dans l'acte paraît inférieur à la valeur vénale à l'époque de l'aliénation, par comparaison avec les fonds voisins de même nature, pourvu que la régie demande l'expertise dans l'année à compter du jour de l'enregistrement du contrat. Si l'usufruit est réservé par le vendeur, il sera évalué à la moitié de tout ce qui forme le prix du contrat, et le droit sera perçu sur le total; mais il ne sera dû aucun autre droit pour la réunion de l'usufruit à la propriété; cependant, si elle s'opère par un acte de cession, et que le prix soit supérieur à l'évaluation qui en aura été faite pour régler le droit de la translation de propriété, il est dû un droit sur ce qui excède cette évaluation.

Les ventes de meubles sont soumises, par la loi du 22 frimaire an VII, à un droit proportionnel de 2 p. %. Les récoltes sur pied et les coupes de bois sont assimilées aux meubles.

L'échange est plus favorisé par la loi, car les échanges d'immeubles, en empêchant le morcellement des fonds de terre, sont utiles à l'agriculture. Aussi, la loi du 16 juin 1824 réduit à 1 p. % le droit de 2 p. % fixé par la loi du 22 frimaire an VII, et ordonne qu'il soit perçu, comme par le passé, sur la valeur d'une des parts seulement.

Cette dernière disposition s'applique également au droit de 1 fr. 50 cent. p. % établi par la loi du 28 avril 1816. Si l'échange est fait avec soulte, le contrat a un caractère mixte, et la modération n'a pas lieu pour la soulte.

En ce qui concerne la liquidation, l'évaluation doit être faite en capital d'après le revenu annuel multiplié par 20.

POSITIONS.

I. La vente d'un meuble non suivie de tradition en transfère la propriété à l'acheteur, tant dans ses rapports avec les tiers qu'à l'égard du vendeur.

II. Dans les ventes où la dégustation est d'usage, la vente est parfaite en ce sens que le vendeur est obligé, imparfaite sous tous les autres rapports.

III. La vente faite avec un prix qui sera déterminé par des experts dont les parties conviendront plus tard, est valable.

IV. La vente d'un immeuble par un commerçant, qui depuis est tombé en faillite, a son effet contre les créanciers du failli, même au cas où elle n'a été transcrite qu'après le jugement déclaratif de la faillite.

V. L'avantage indirect renfermé dans une vente autorisée entre époux est nul, les héritiers et les créanciers peuvent en demander la nullité.

VI. La cession d'une créance d'aliments est nulle s'ils sont dus *jure sanguinis*.

VII. L'éviction partielle *pro indiviso* se distingue de l'éviction partielle *pro diviso*, qui seule donne lieu à l'application de l'art. 1637.

VIII. Si l'acheteur a vendu la chose avant de l'avoir payée, le privilége du vendeur originaire n'est pas reporté de la chose sur le prix.

IX. La revendication dont jouit le vendeur non payé, dans le cas où la vente a été faite sans terme, est simplement la revendication du droit de rétention.

Vu par le Président de la thèse, Doyen de la faculté,

C.-A. PELLAT.